ILLUSTRATIONS:
LAURA LIVI

CONCEPT:
LAURA LIVI & CORRADO SESSELEGO

COLORIEZ LE AVEC DES FLEURS - LIVRE DE POCHE! © 2019 BLUE MONKEY STUDIO (PUBLIÉ DANS ZENITH BOOKS UNE DIVISION DE BLUE MONKEY STUDIO)

TOUTES LES ILLUSTRATIONS © 2016-2019 BLUE MONKEY STUDIO

COLORIEZ LE AVEC D ES FLEURS!

Livre de Poche!

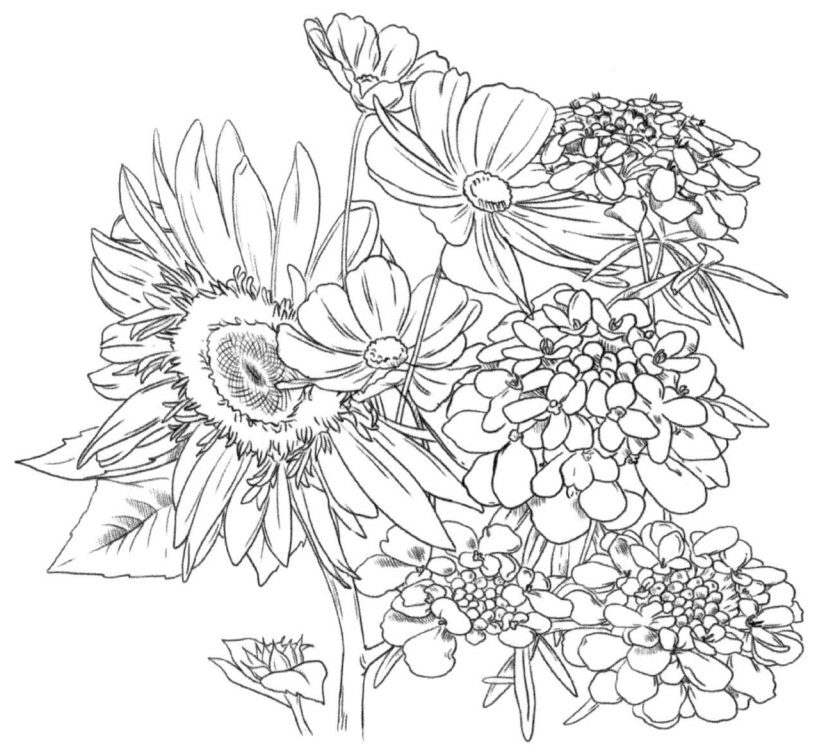

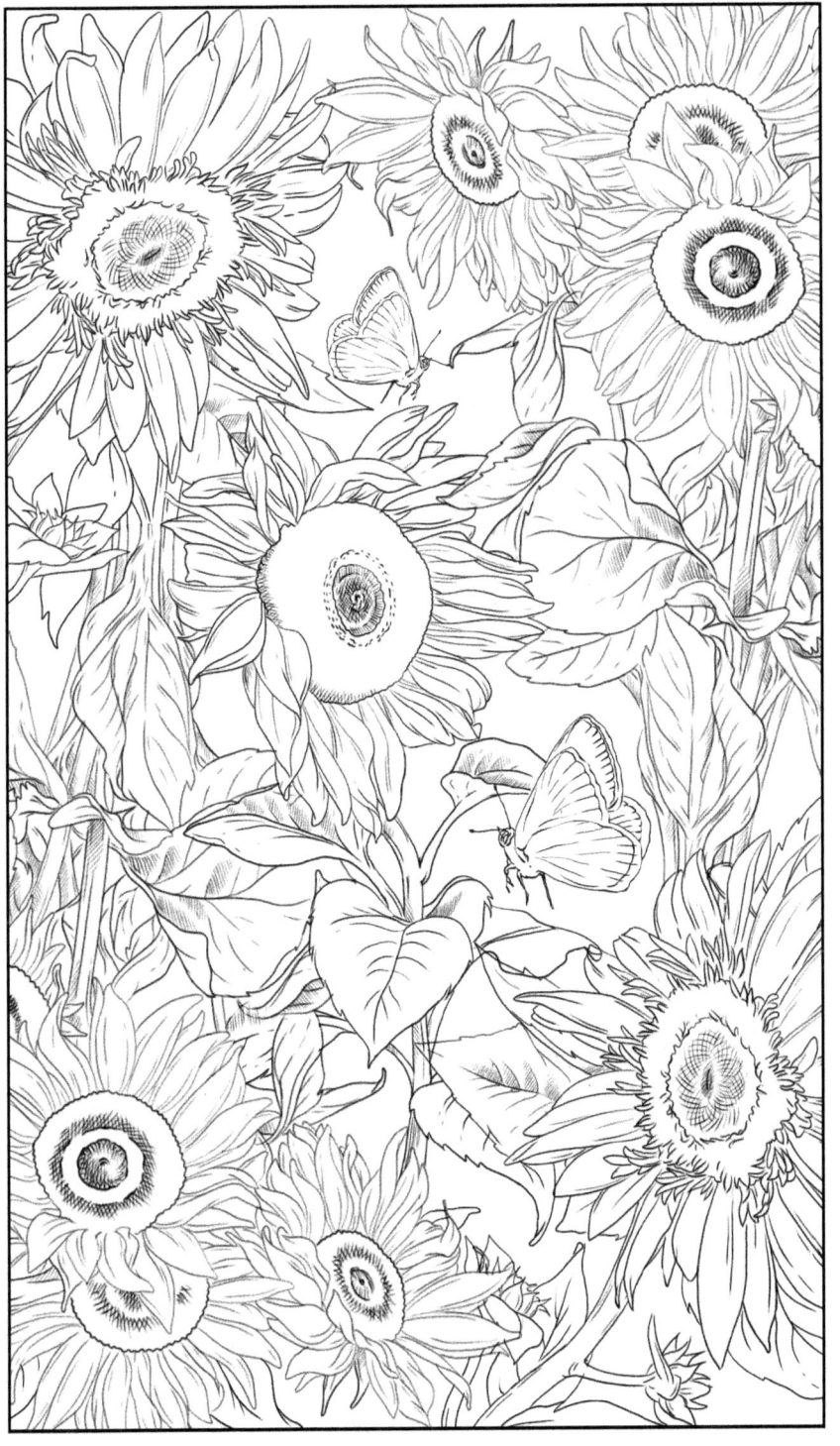

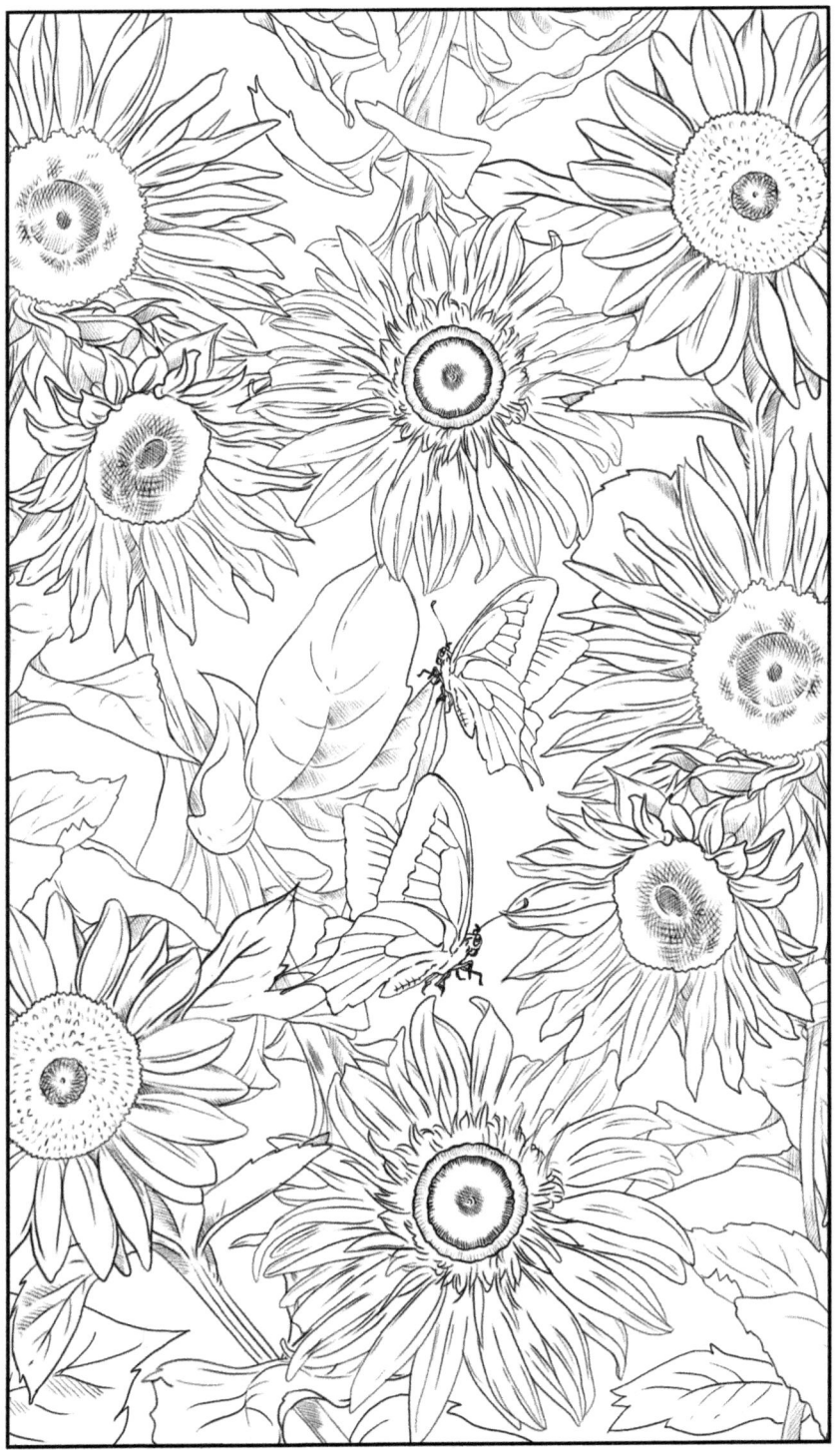

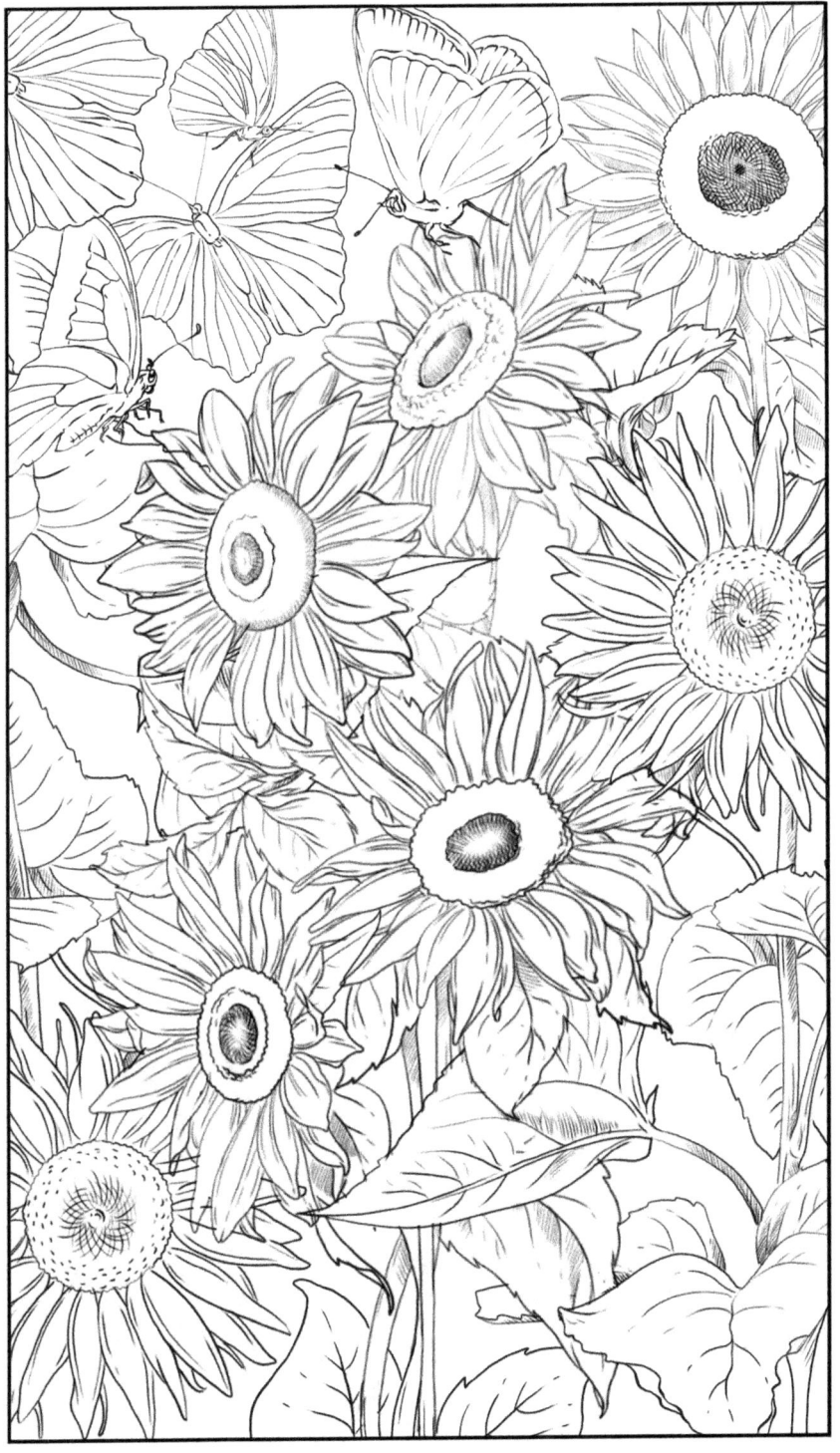

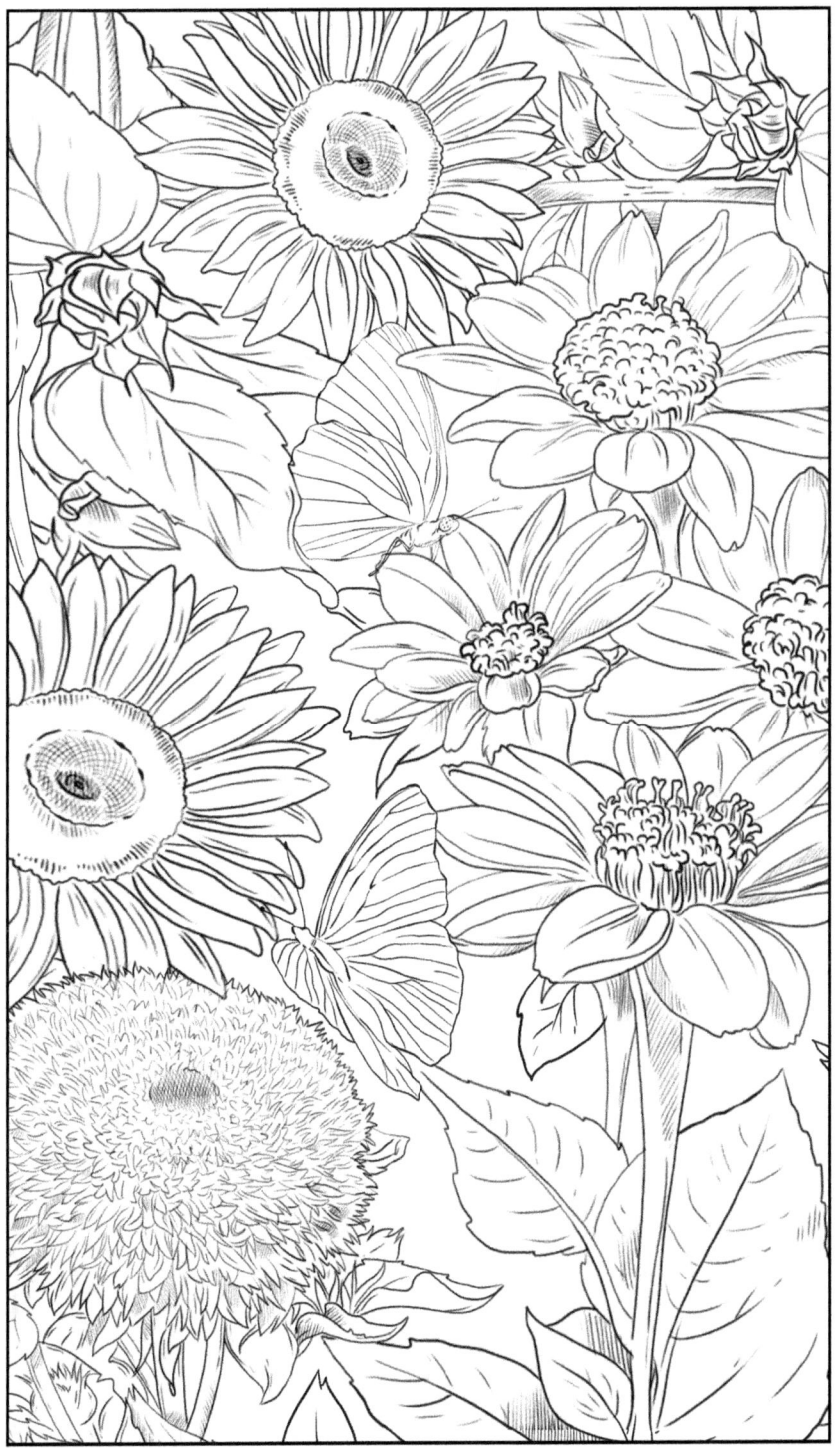

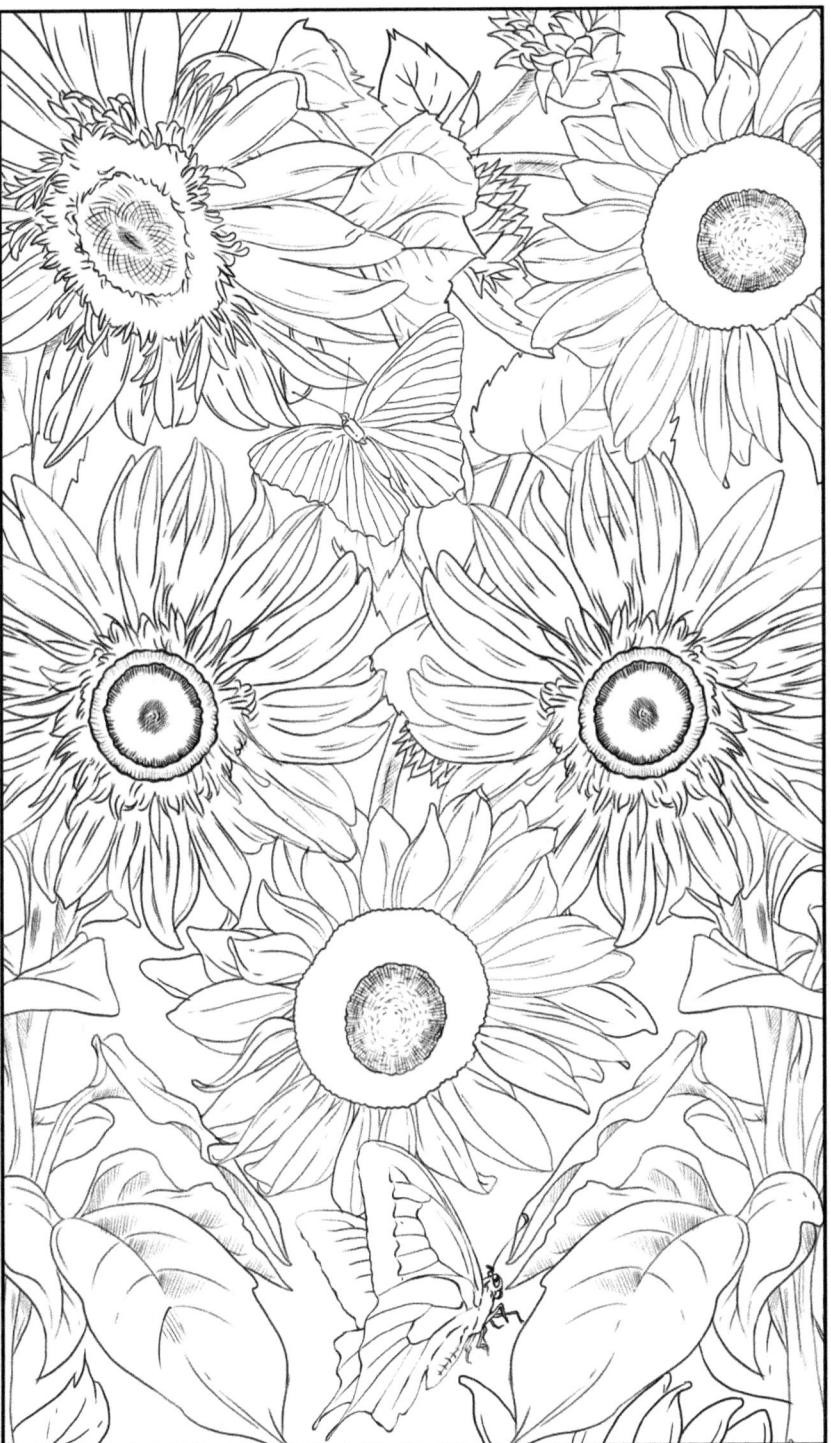

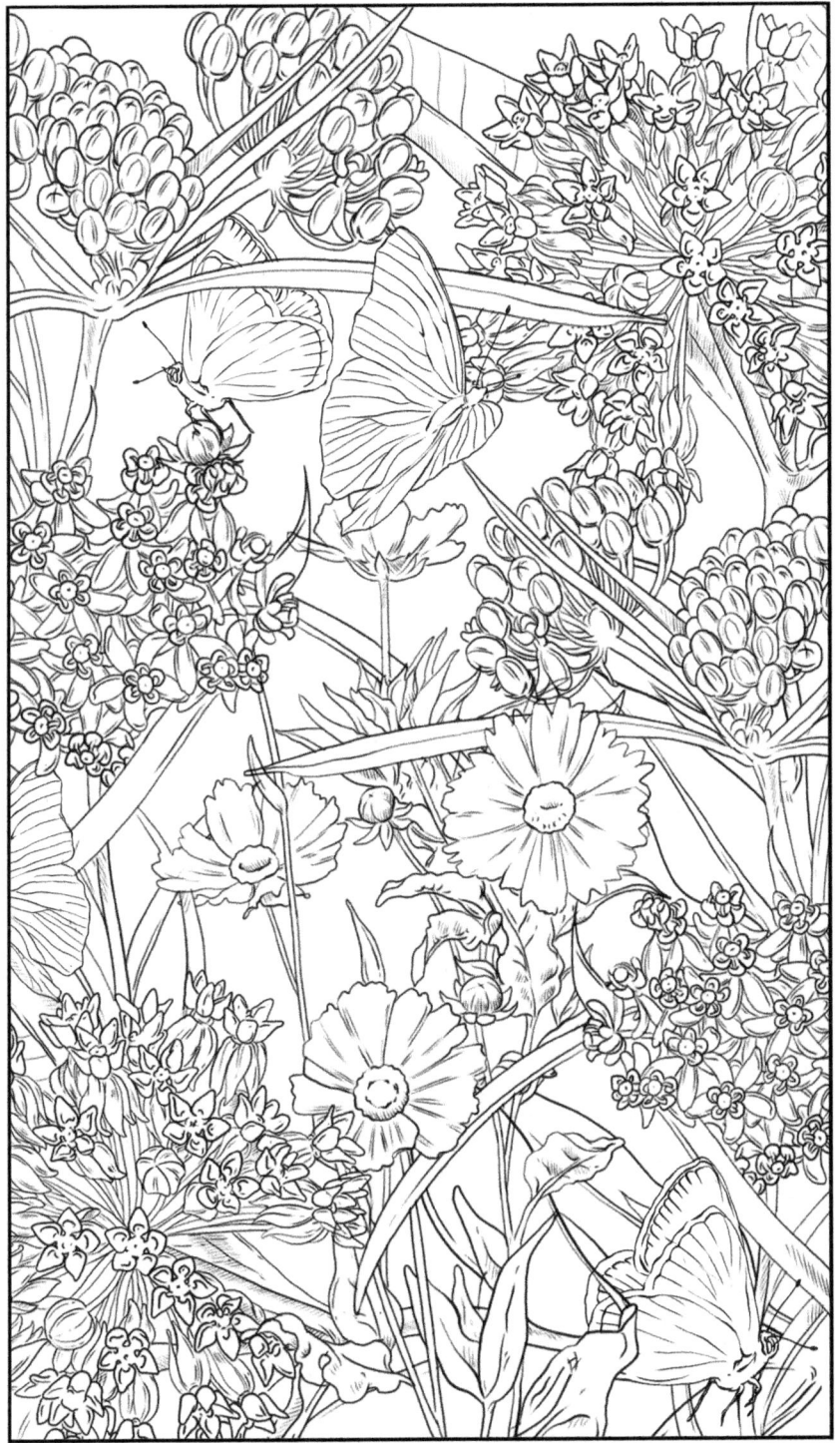

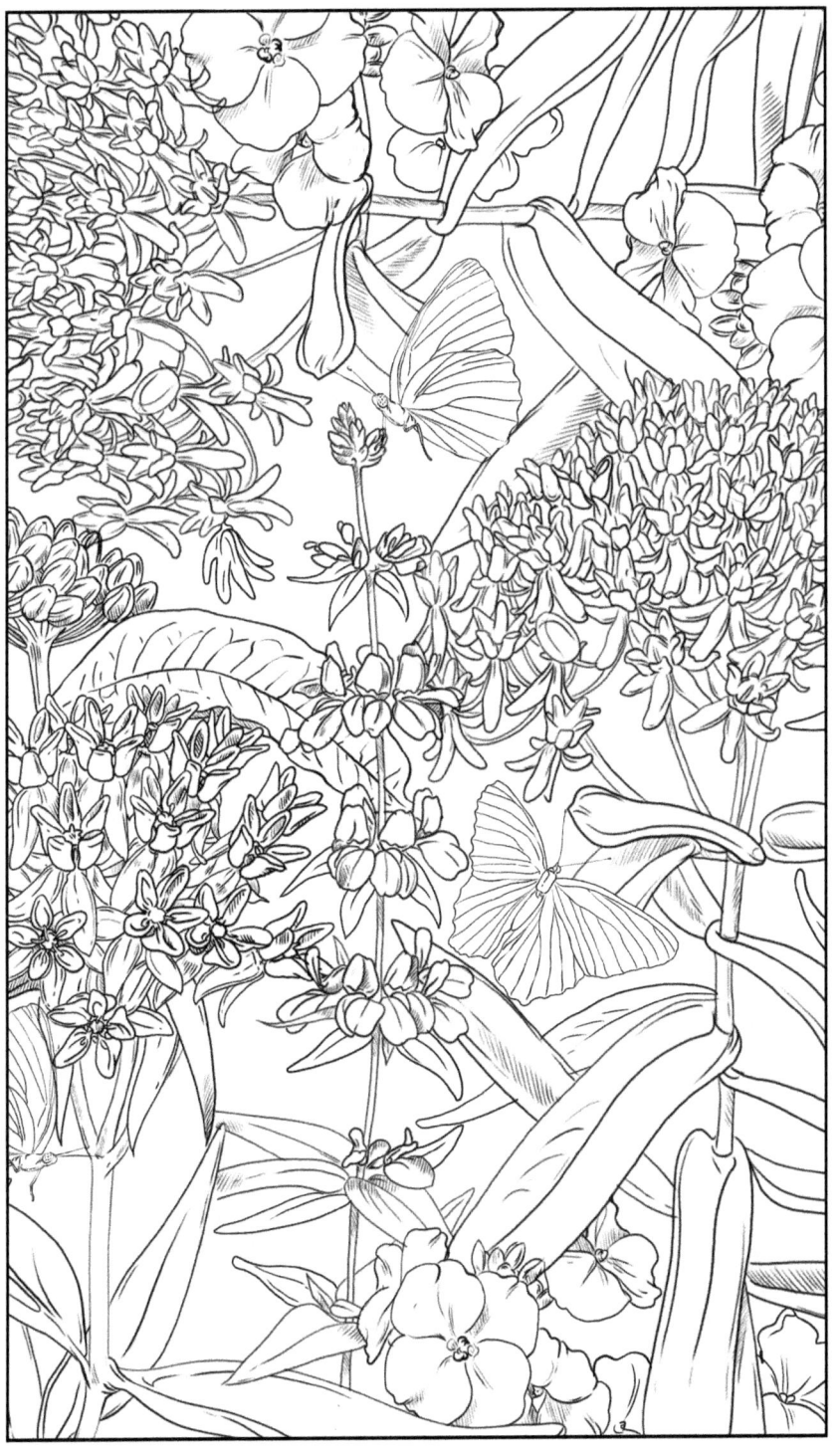

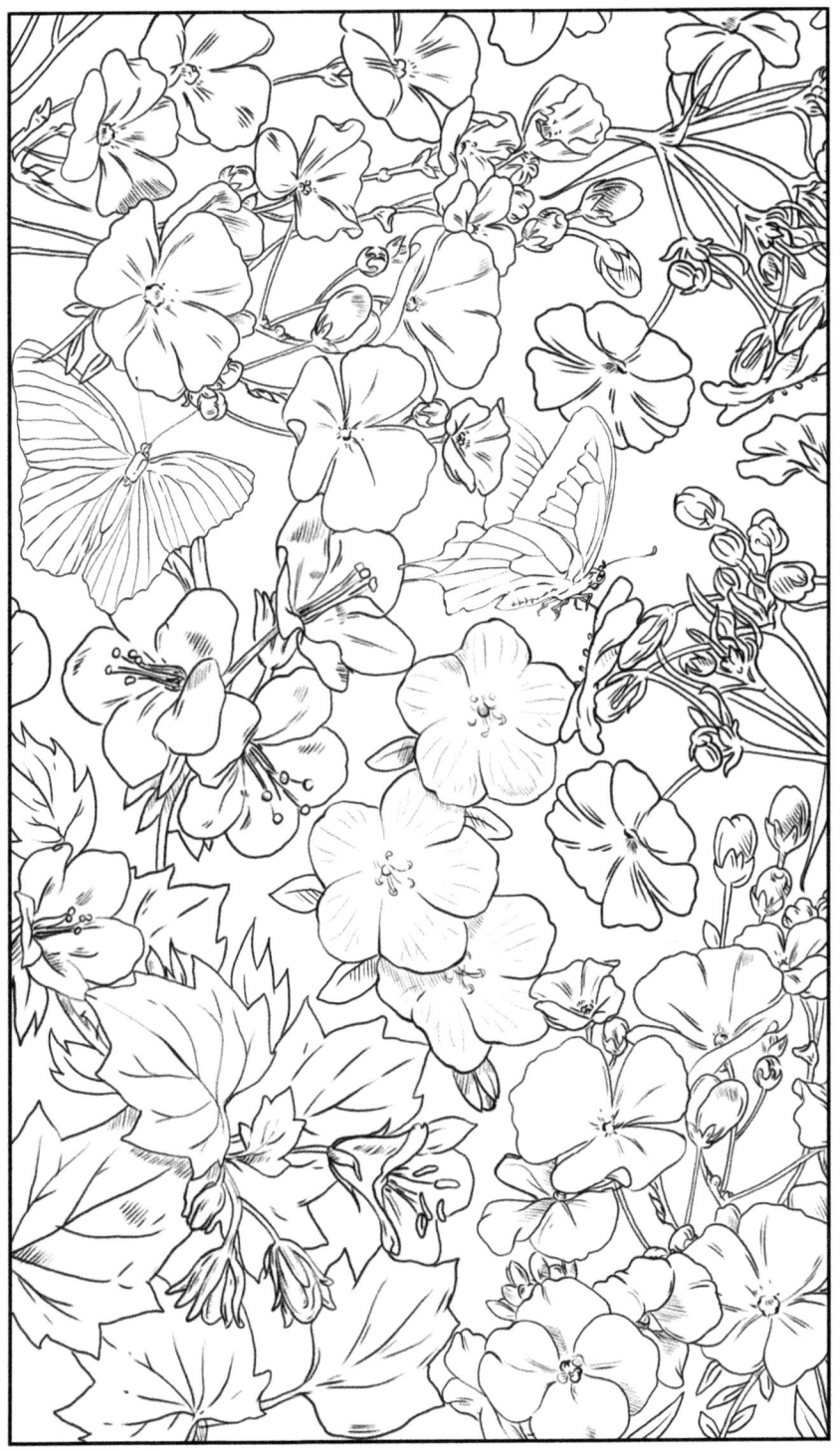

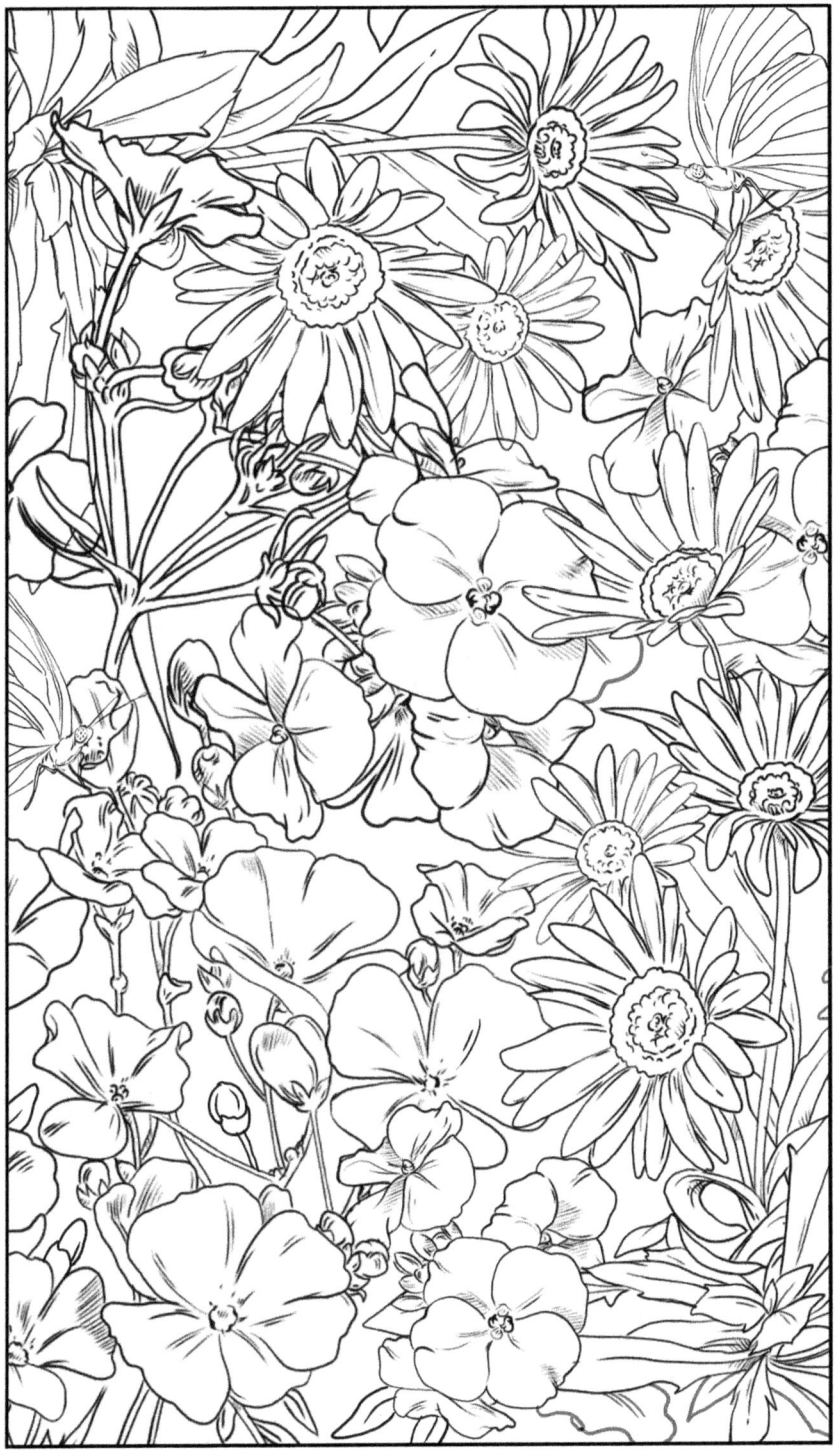

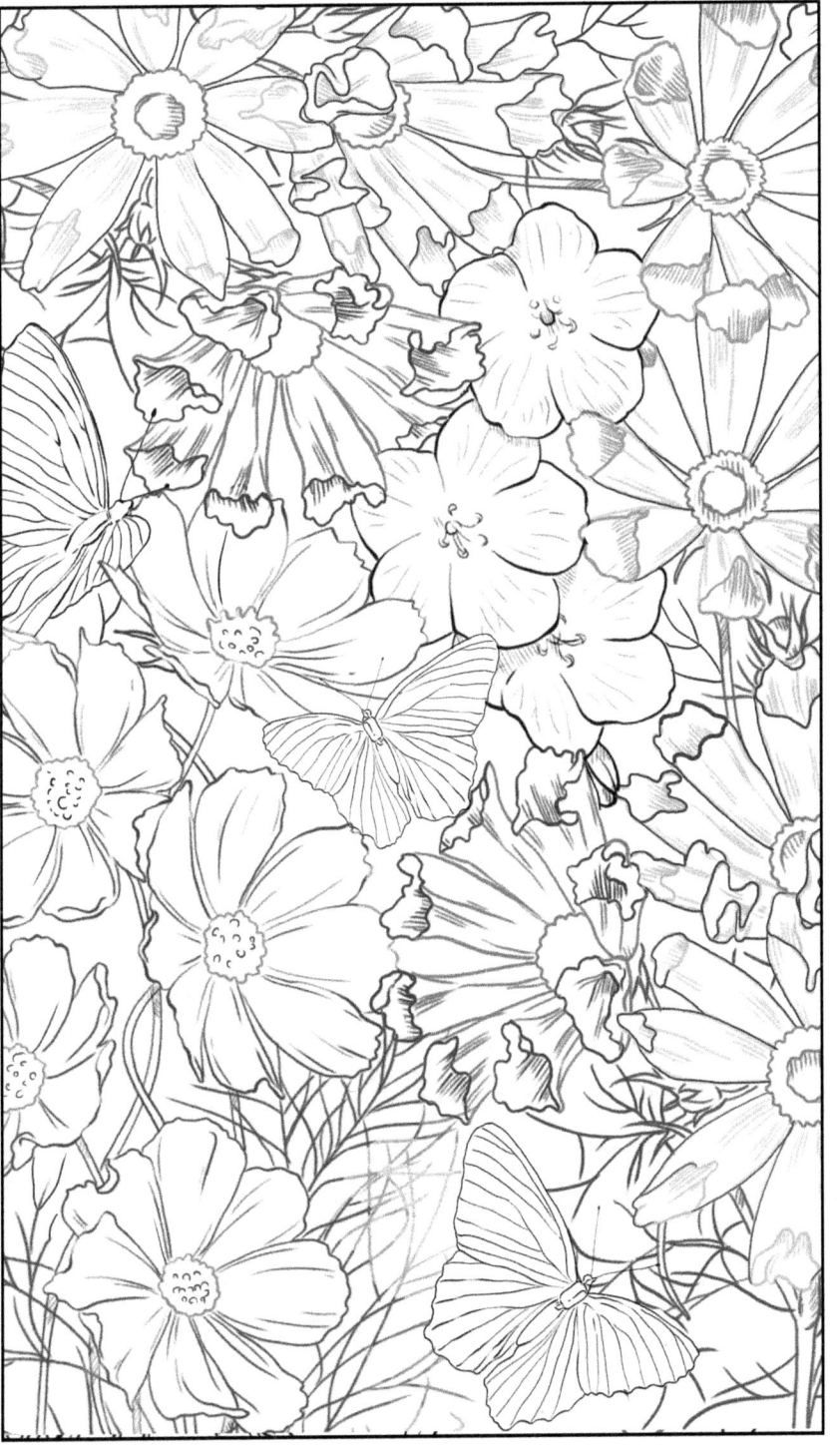

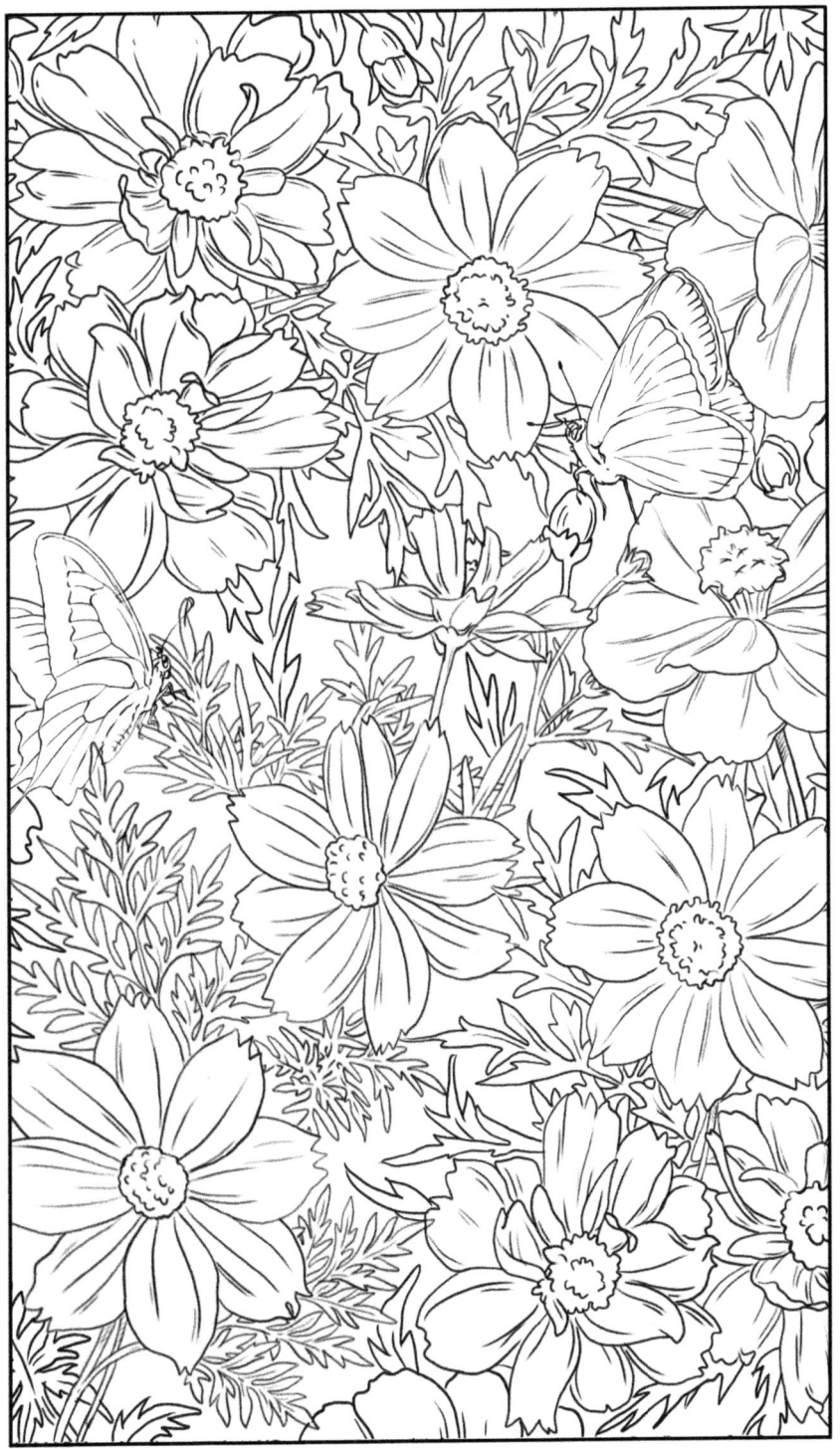

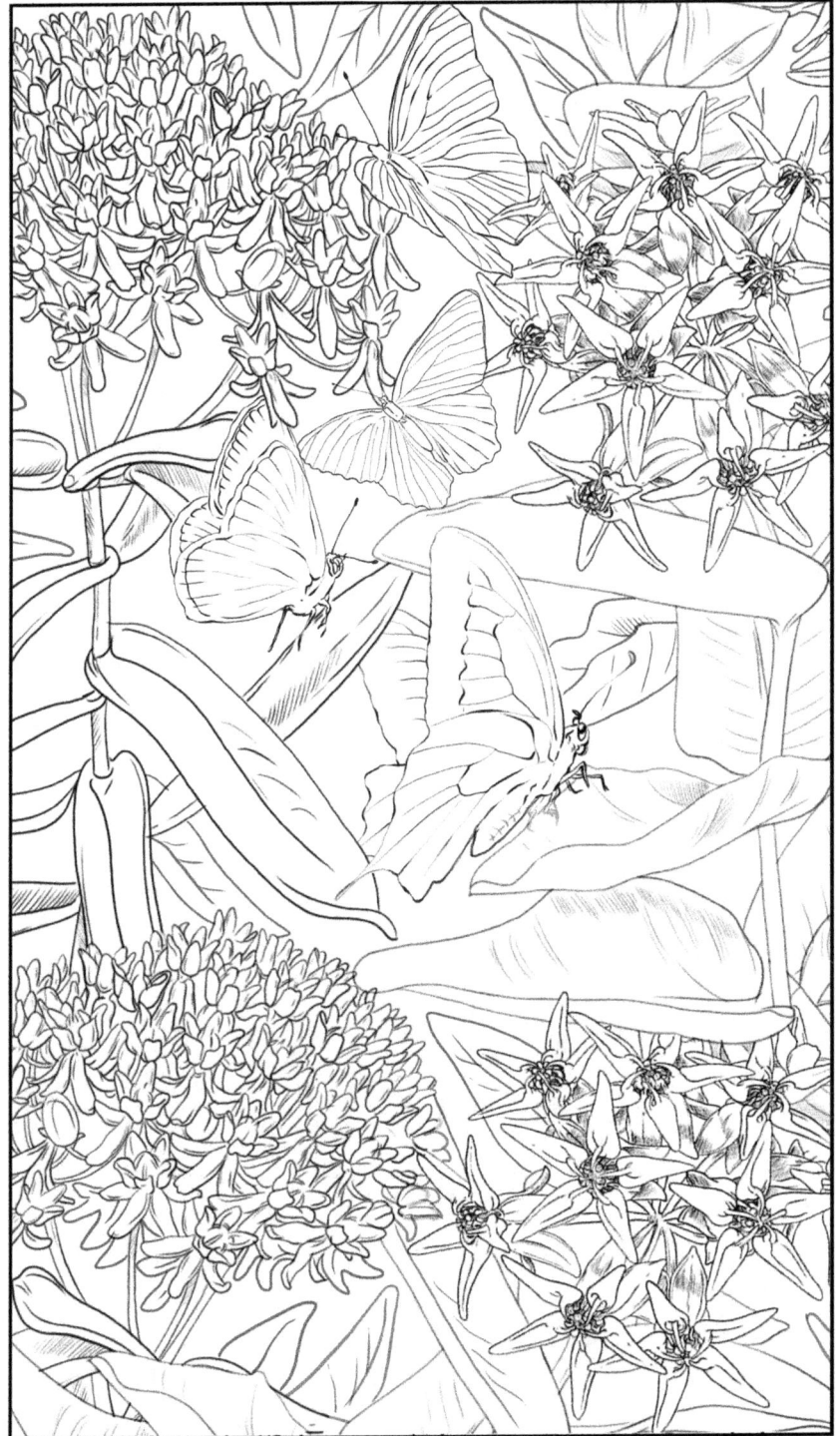

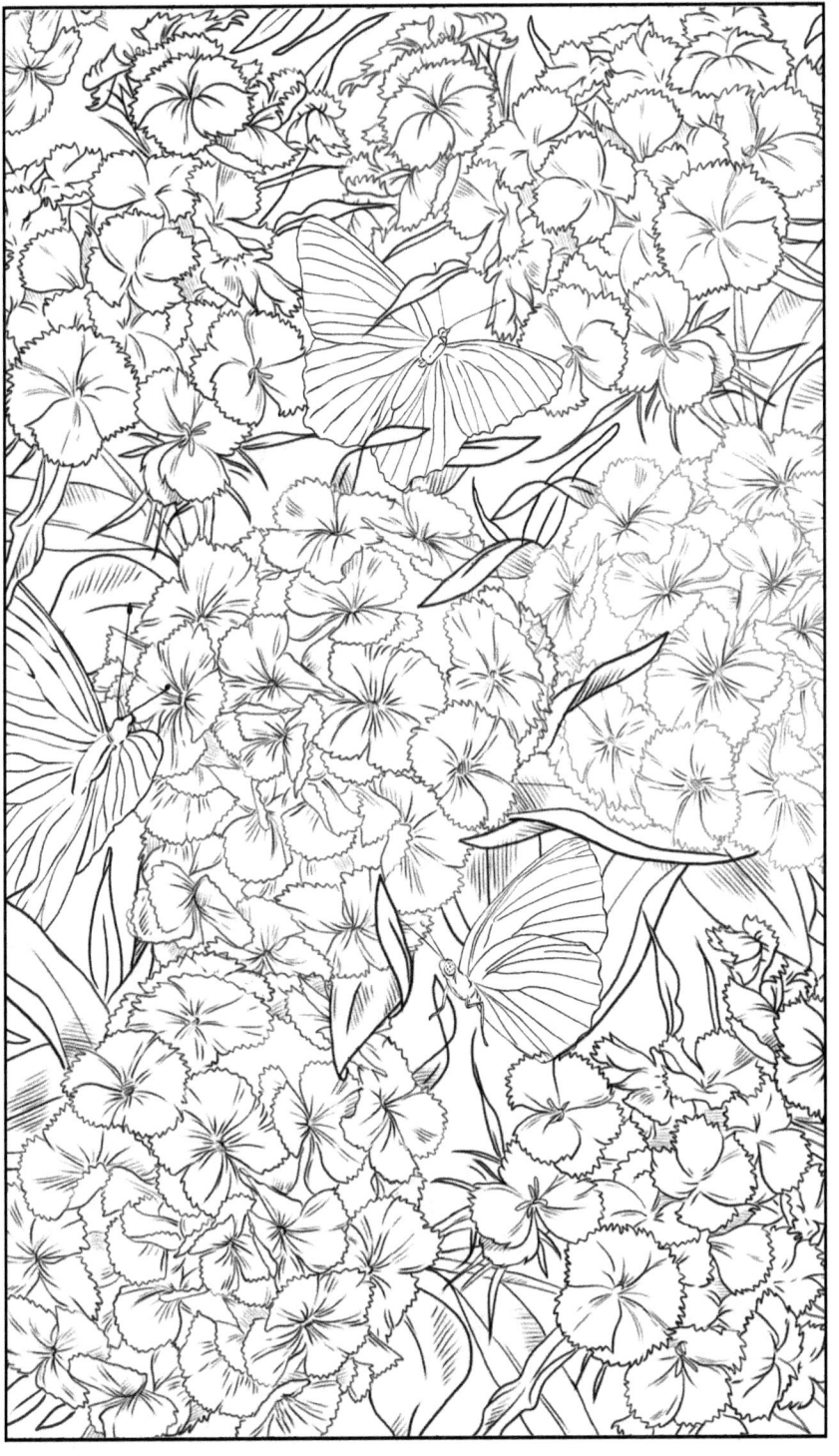

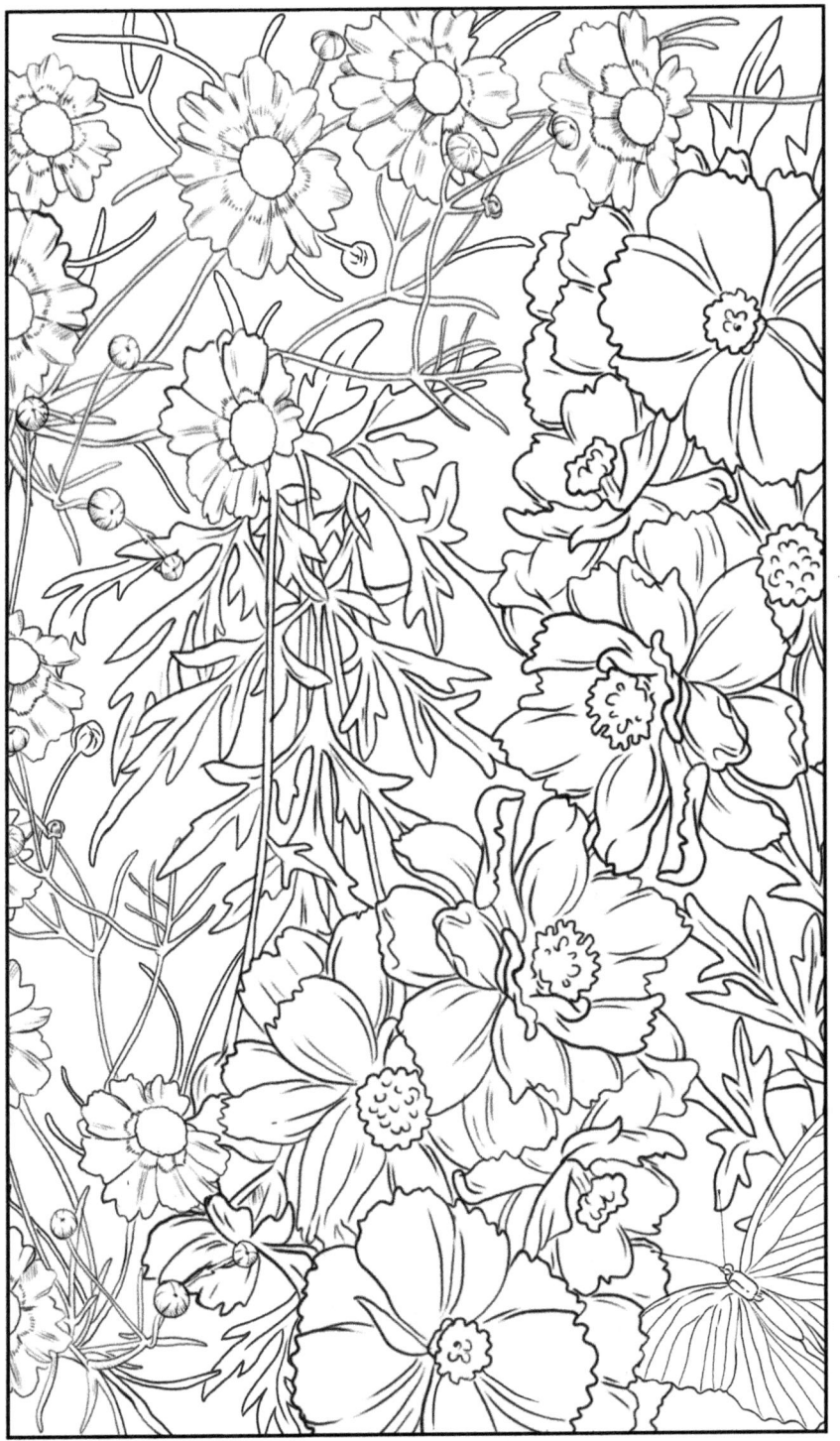

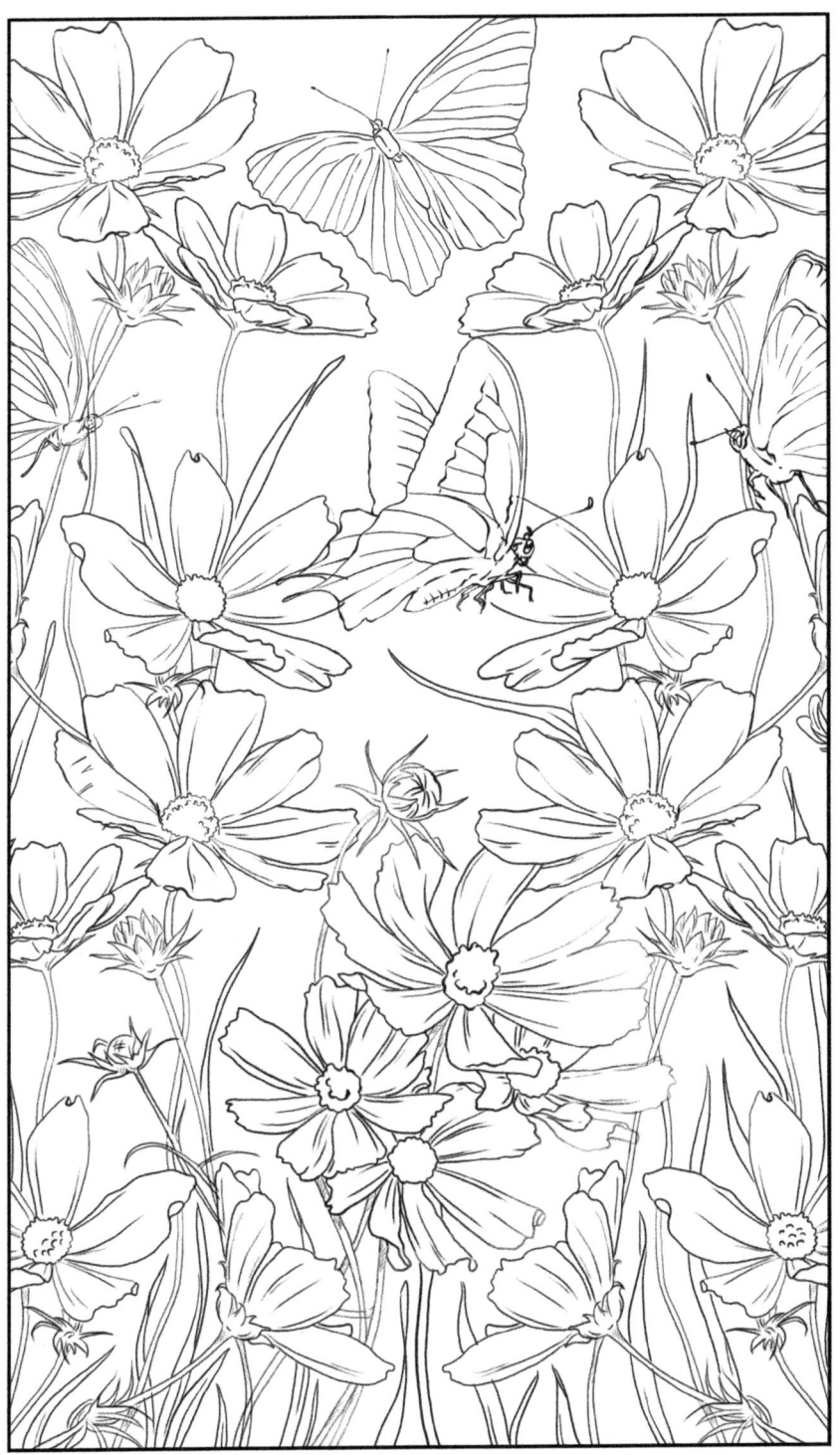

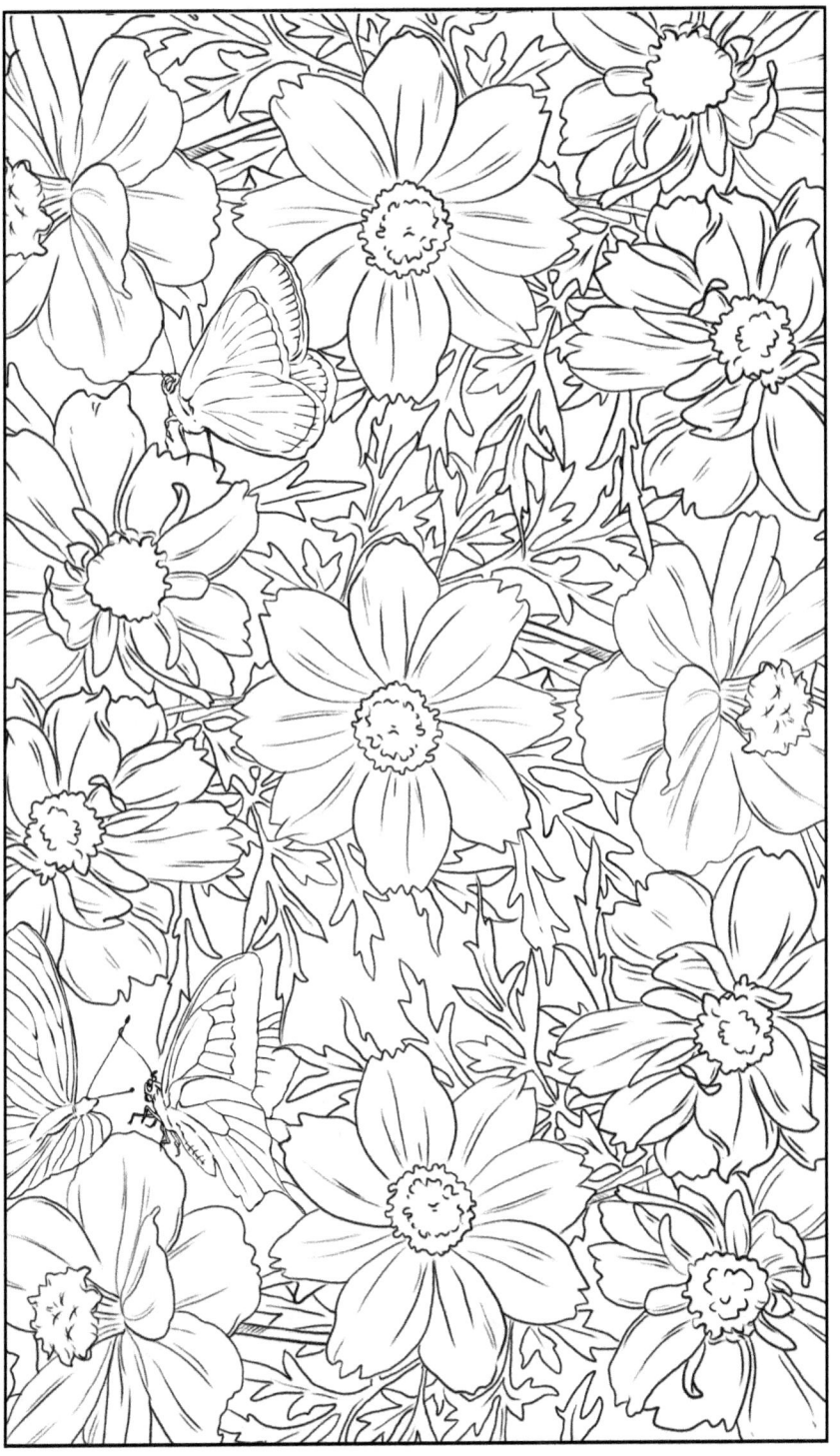

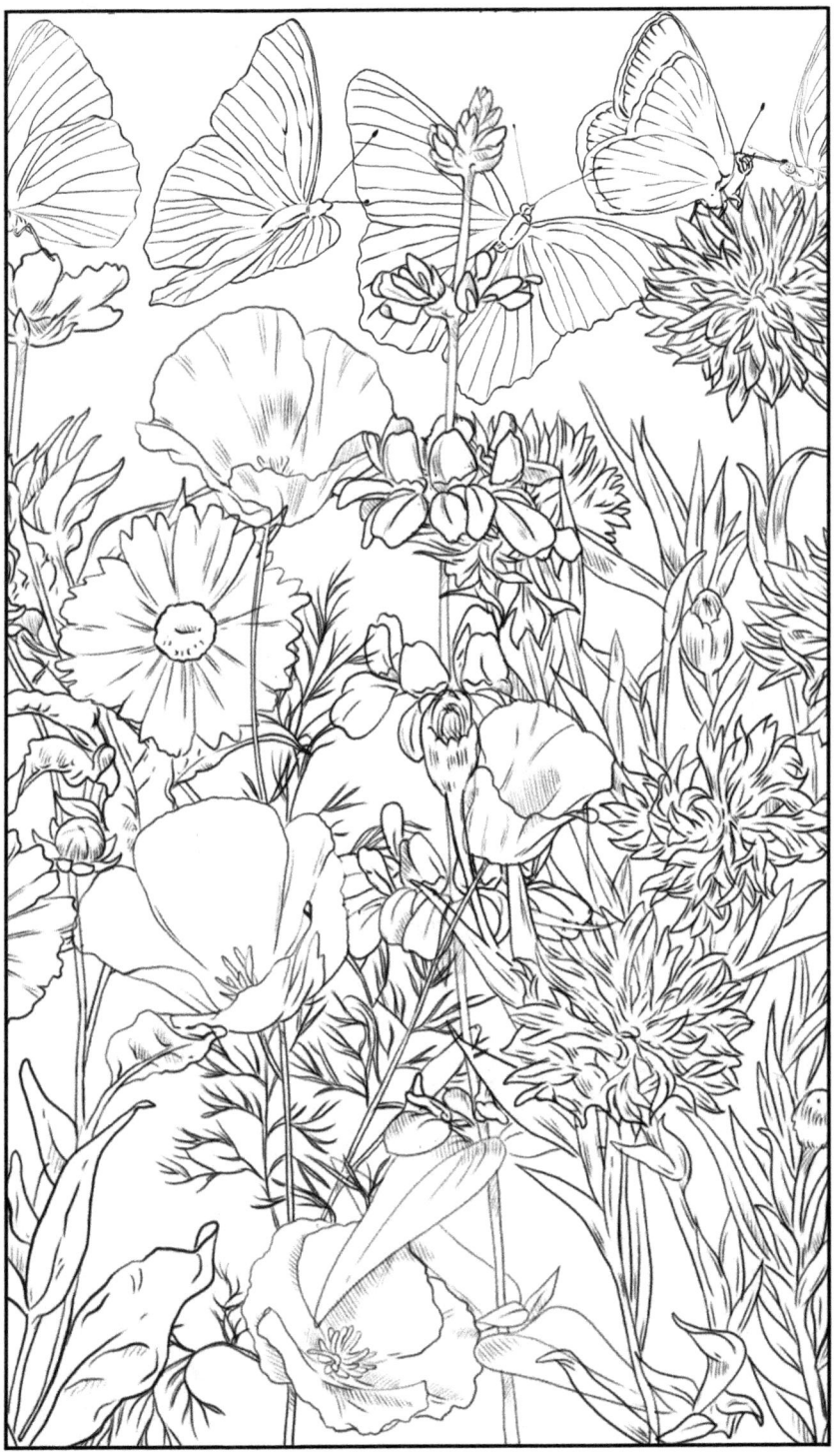

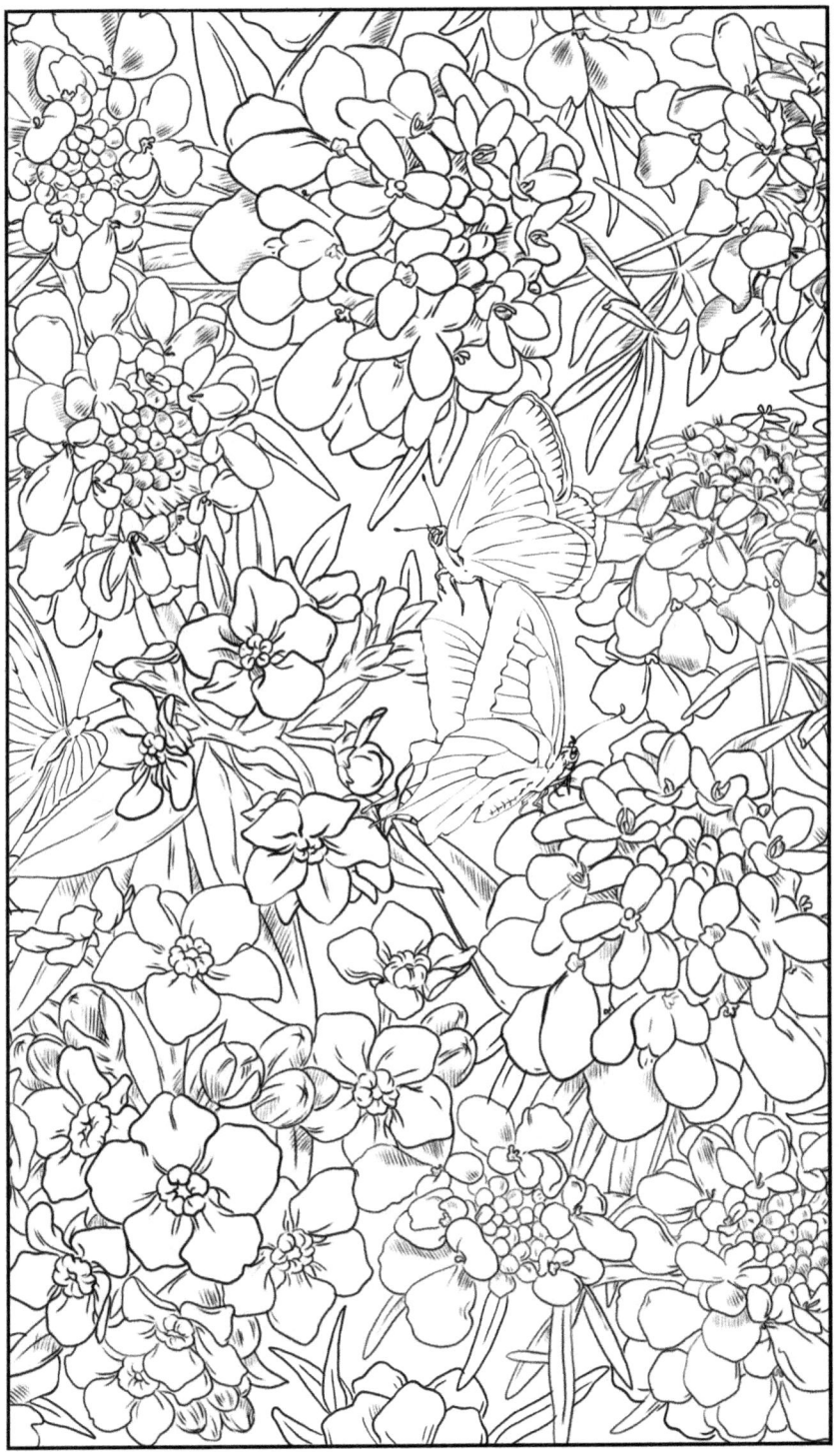

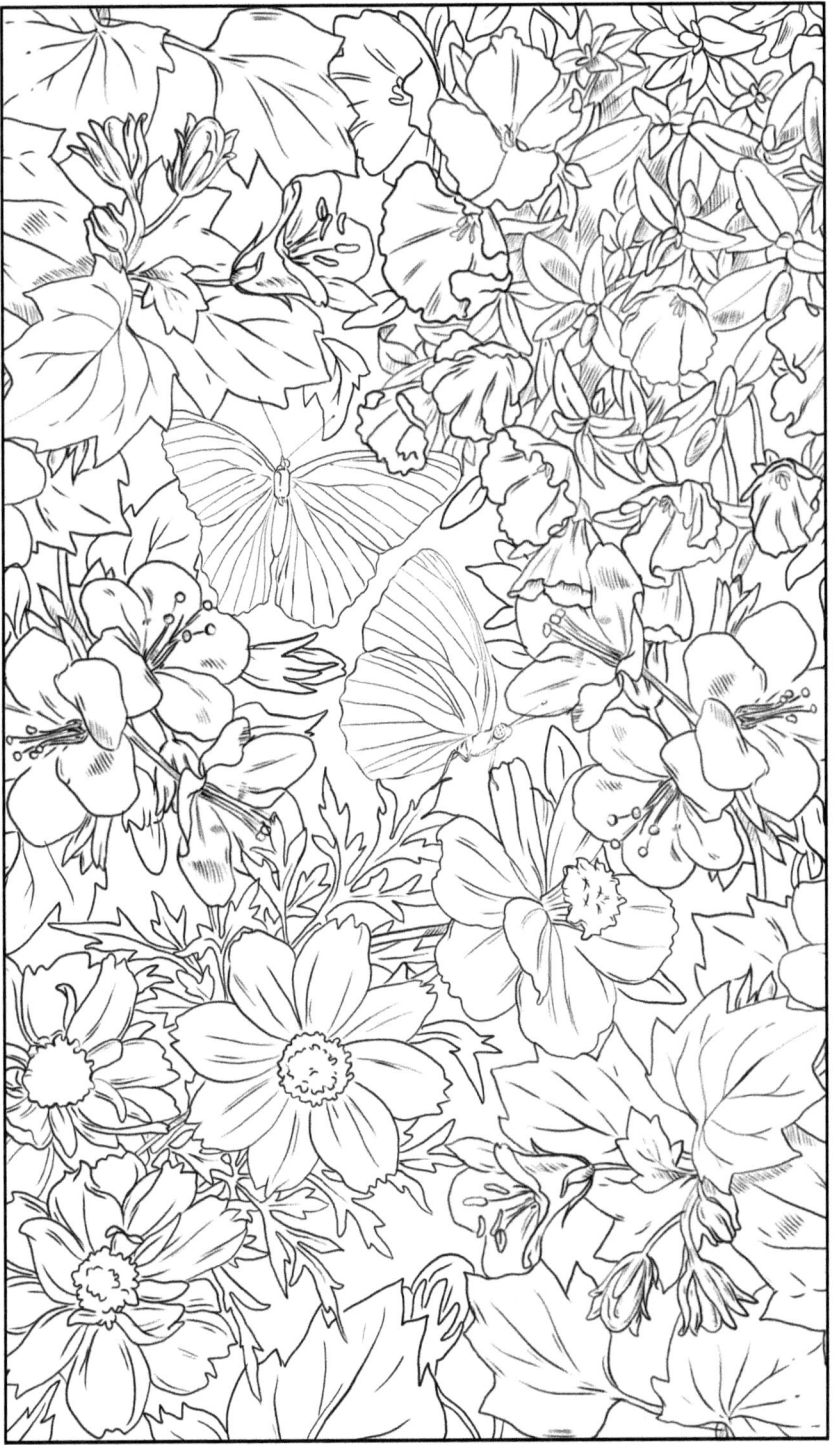

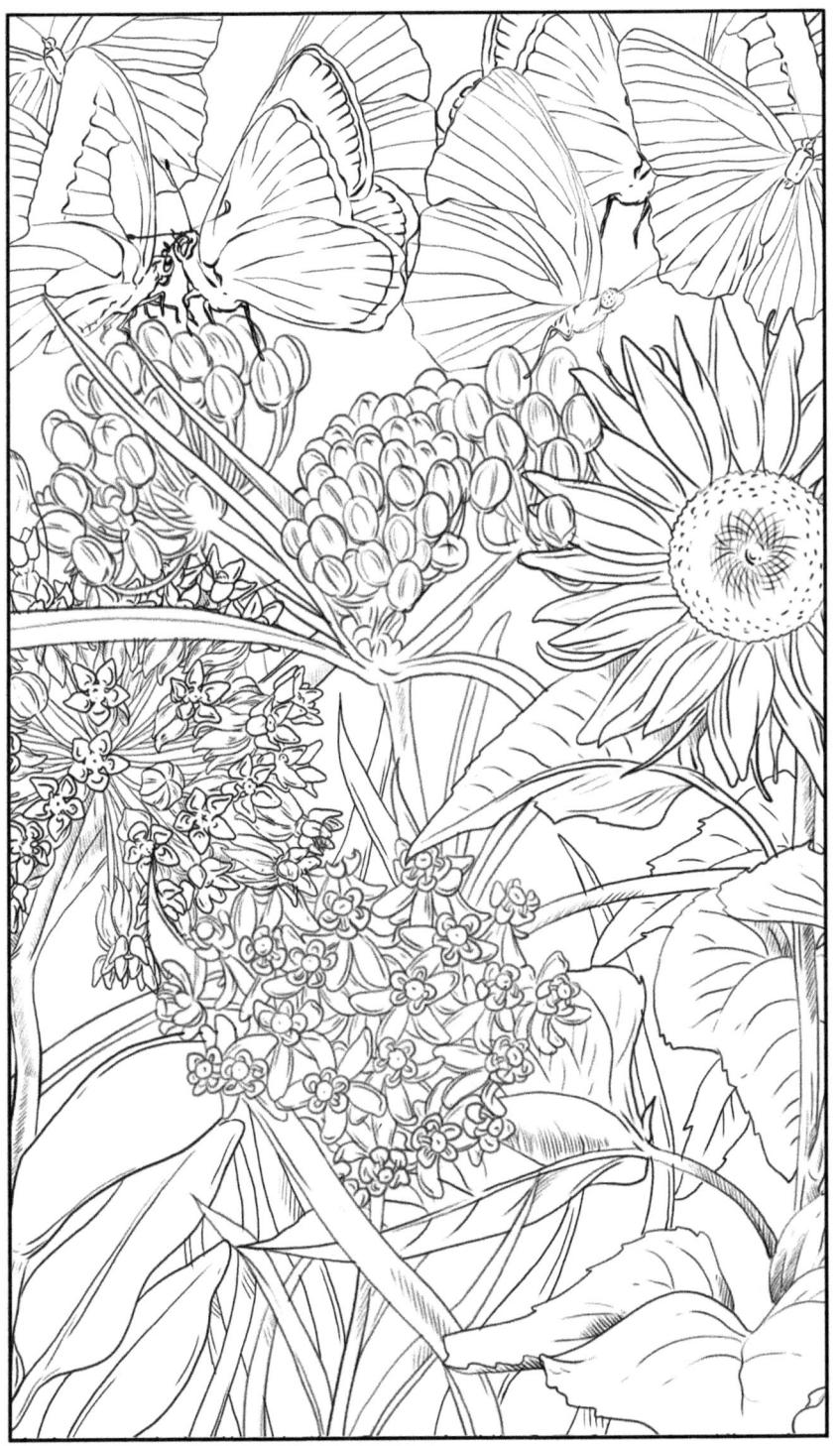

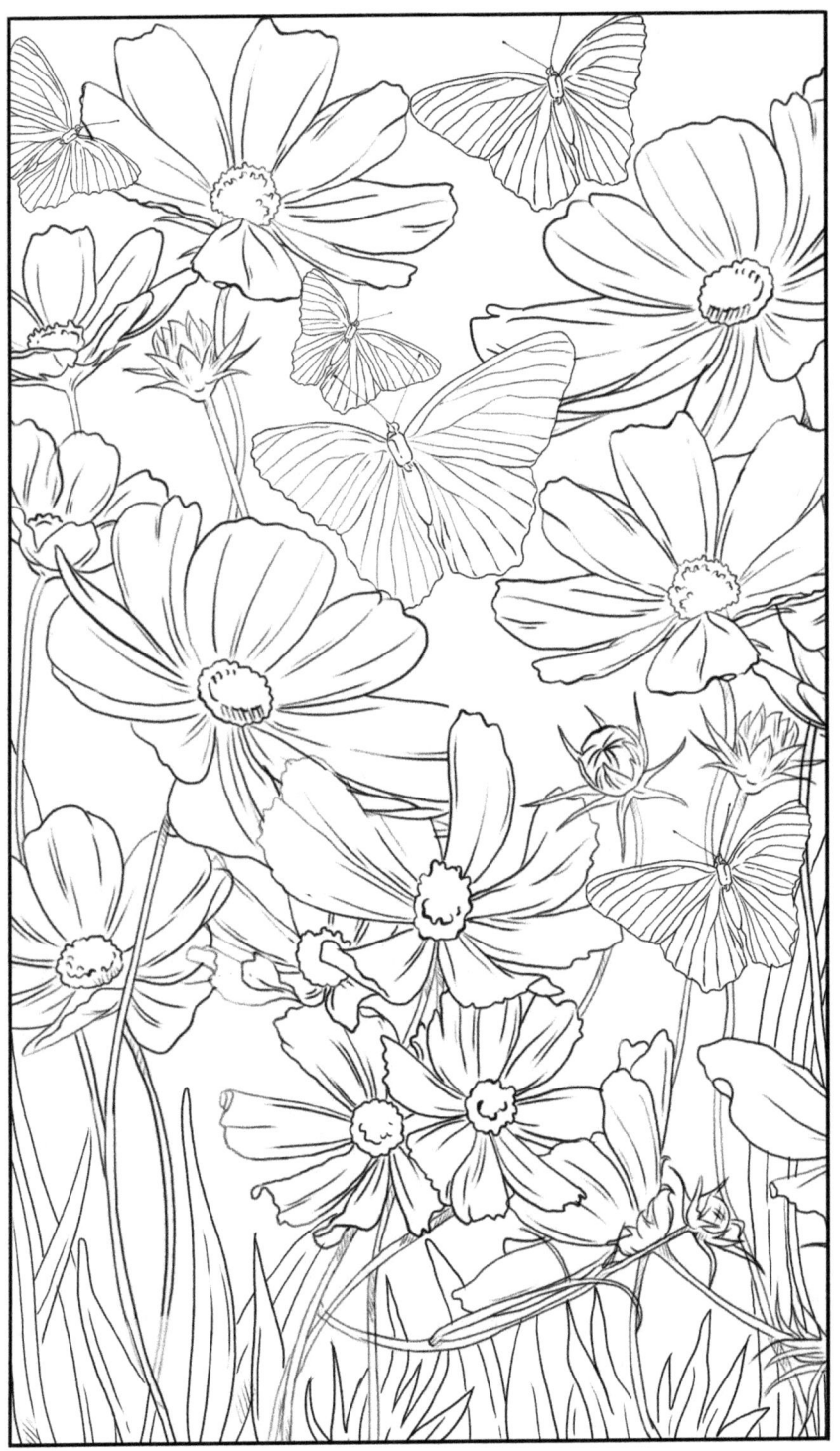

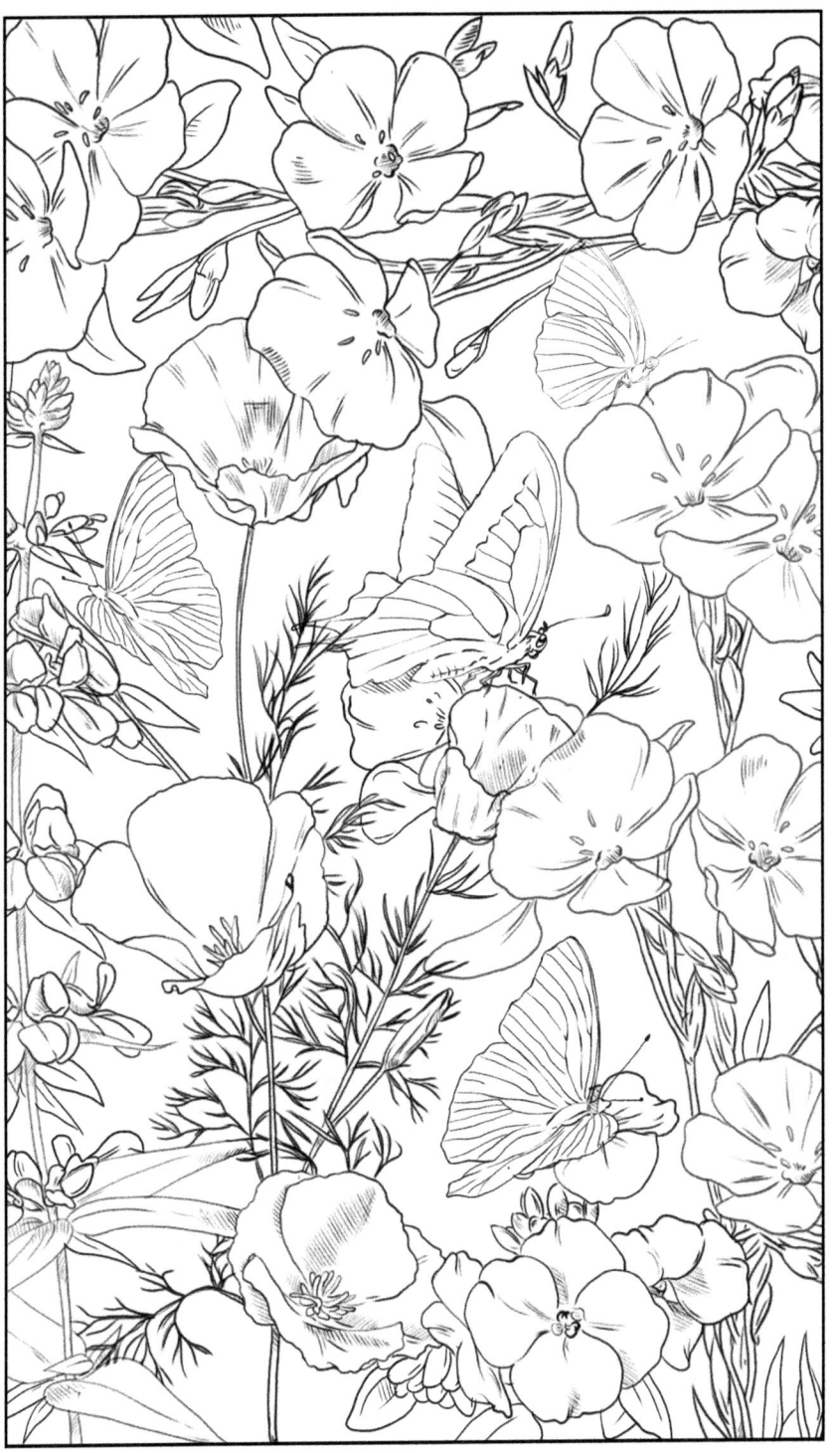

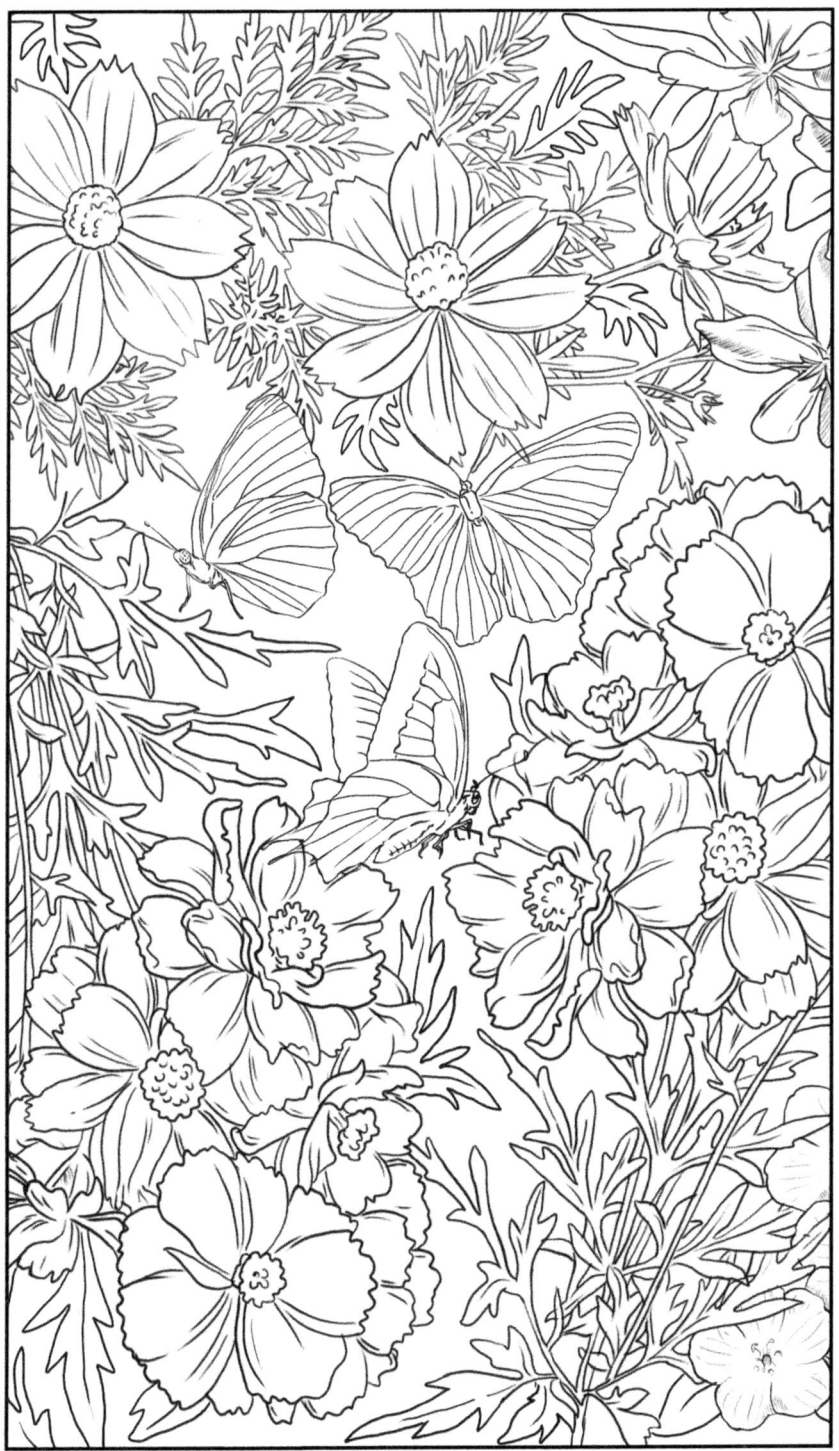

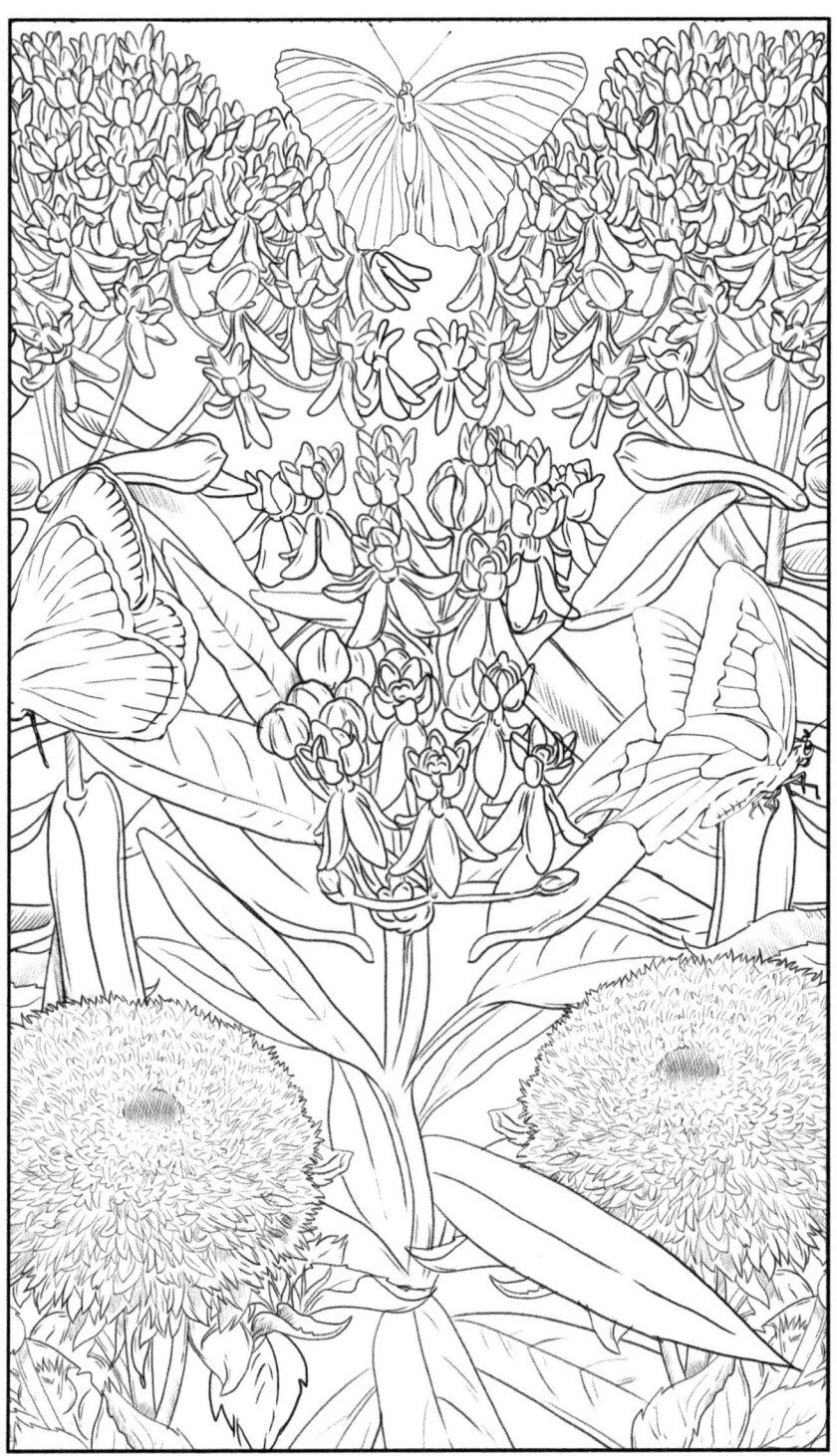

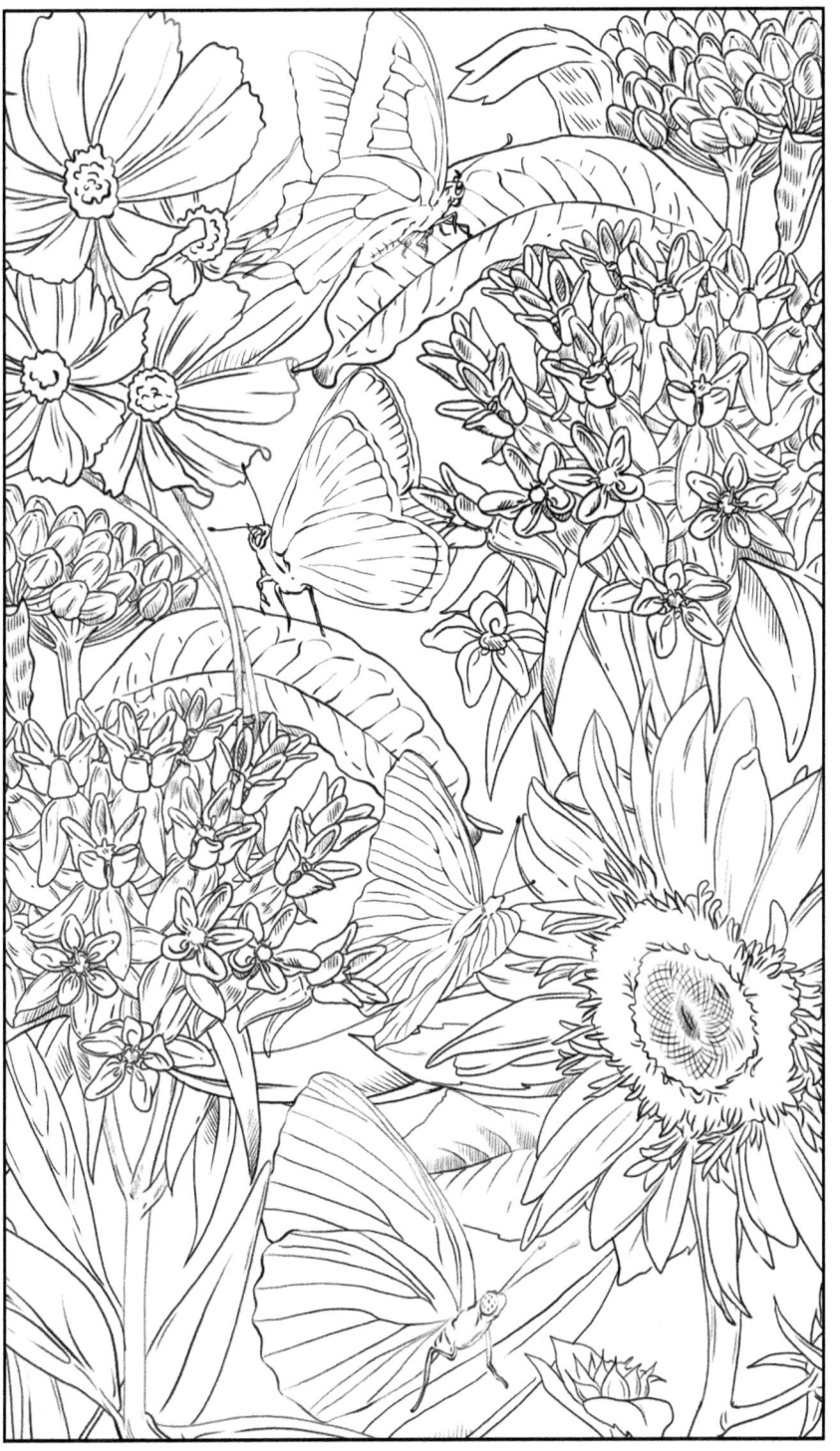

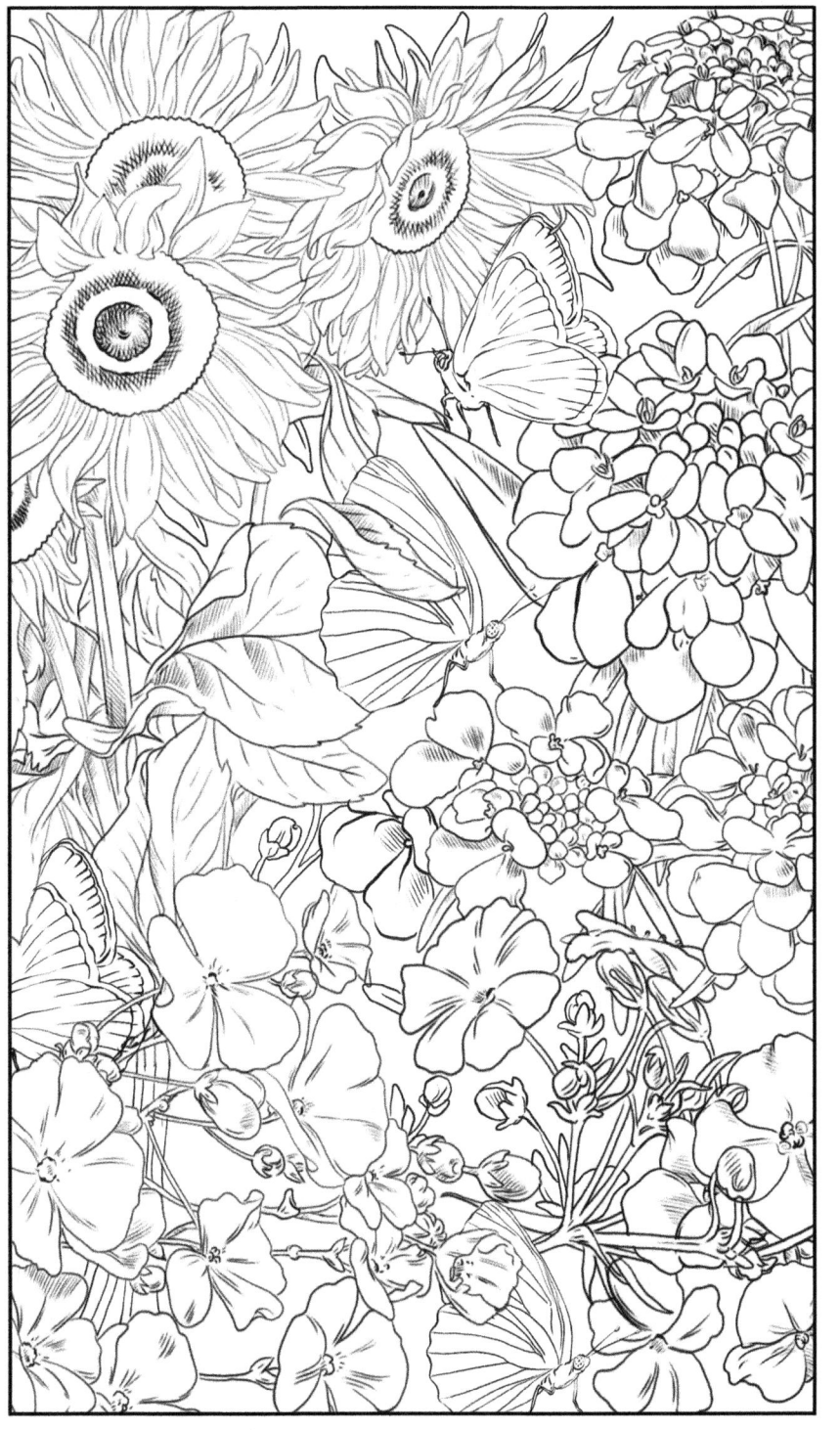

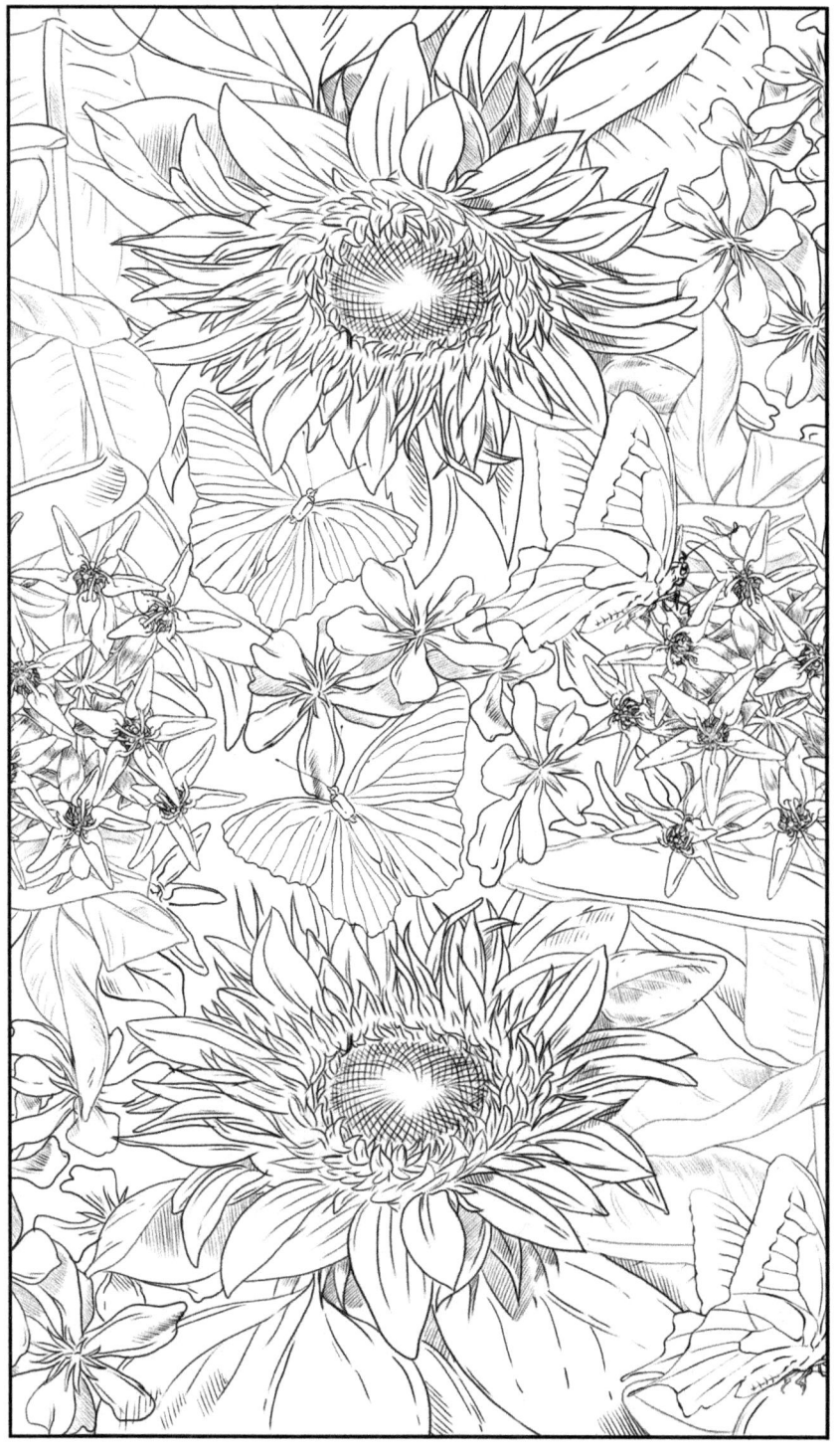

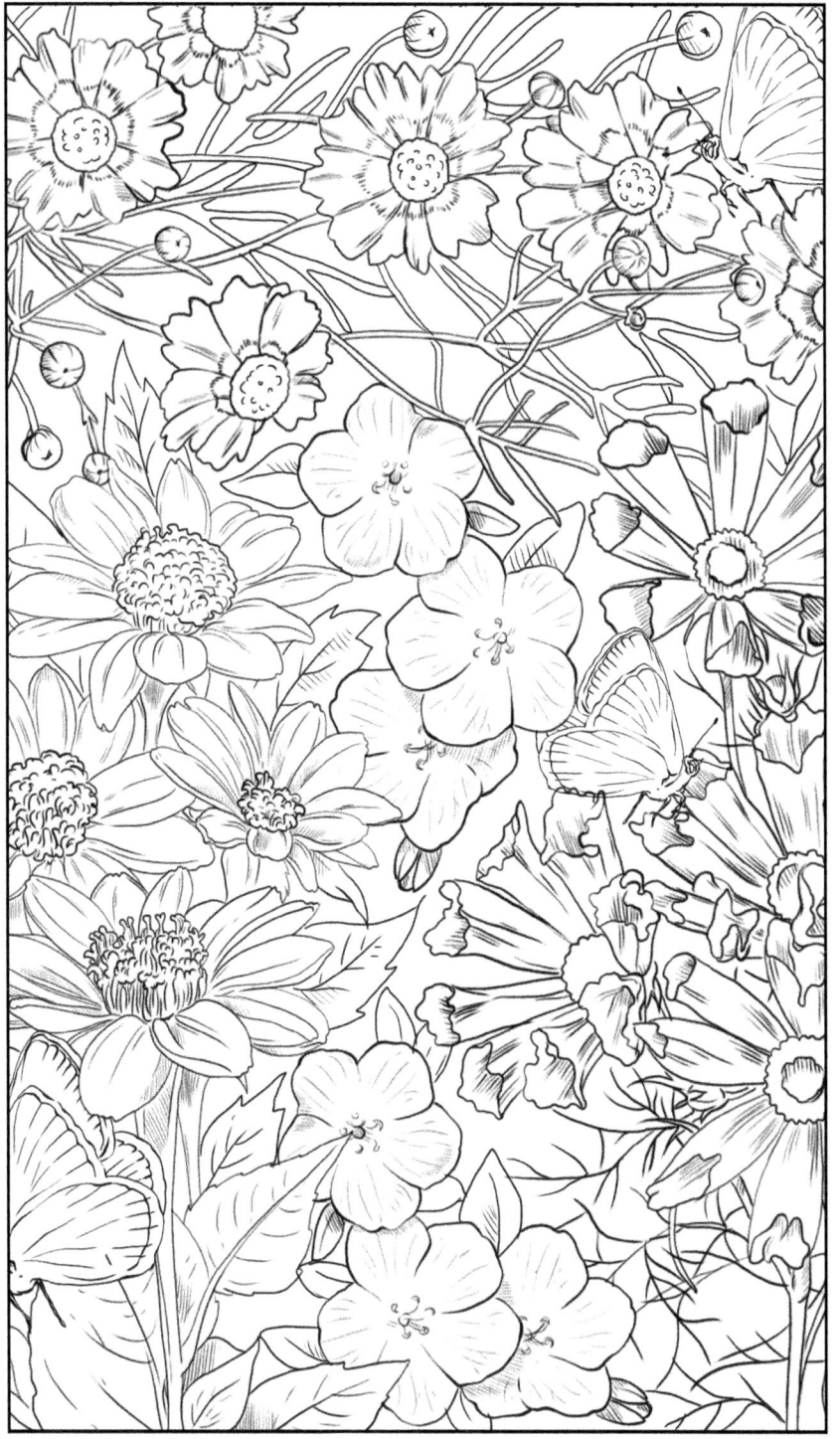

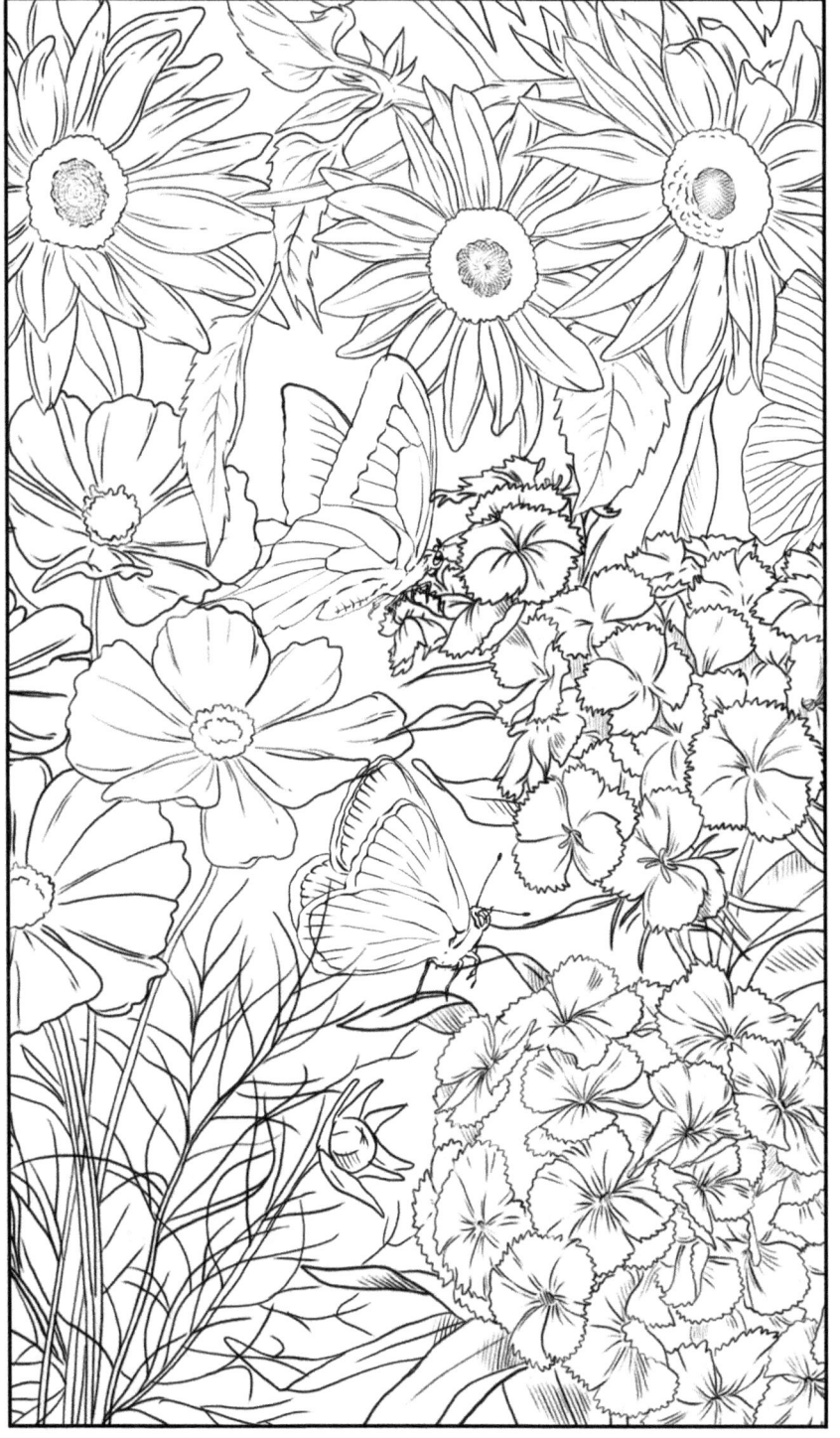

www.ingramcontent.com/pod-product-compliance
Lightning Source LLC
Chambersburg PA
CBHW071236220526
45468CB00002B/880